Weitere Titel in dieser Reihe:
Herrliche Natur
Allerlei Geschäftliches
Dem besten aller Väter
Frauen zum Thema Frauen
Blumen
Katzen
Liebhaberbüchlein für Bücherfreunde
Liebhaberbüchlein für Gartenfreunde
Liebhaberbüchlein für Musikfreunde

© 1993 Helen Exley
Exley Handels-GmbH, Kreuzherrenstraße 1, 52379 Langerwehe-Merode, Deutschland
Überarbeitete Fassung 2000

ISBN 3-89713-579-5

Alle Rechte vorbehalten. Das Werk, einschließlich aller seiner Teile, ist urheberrechtlich geschützt. Jede Verwertung außerhalb der engen Grenzen des Urheberrechtsgesetzes ist ohne schriftliche Zustimmung des Verlages unzulässig und strafbar. Das gilt insbesondere für jede Art von Vervielfältigungen, für Übersetzungen, Mikroverfilmungen, Einspeicherung und Verarbeitung in elektronischen Systemen.

Herausgeber: HELEN EXLEY
Graphische Gestaltung: PINPOINT DESIGN COMPANY
Deutsche Übertragung: URSULA BADER
Gedruckt und gebunden in China

Bildnachweis:
Bridgeman Art Library: Einband, Titelseite, Seiten 6, 33, 34, 41, 43, 45, 49, 50, 56, 59, 61. Bury Art Gallery: Seite 45. Fine Art Photographic Library Ltd.: Seiten 8, 11, 17, 18, 20, 24, 27, 29, 31, 37, 39, 47, 54. Roy Miles Gallery: Seite 50, Scala: Seiten 14 und 52. Image select: Seite 13.

EIHNACHTEN

WIDMUNG
IN WORTEN
UND GEMÄLDEN

HERAUSGEGEBEN VON
HELEN EXLEY

⹀EXLEY
Geschenkbuch

Brüssel(B) · Merode(D) · New York(USA) · Watford(UK)

Weihnachten, das sind Umarmungen und: *„ach, das wäre aber nicht nötig gewesen! ...es ist großartig!..."* Weihnachten bedeutet Zwist vergessen, Freundschaften erneuern. Weihnachten ist eine Unterbrechung des Alltages.

CLARA ORTEGA

*

Alles sei willkommen! Willkommen gleichermaßen das, was war und das, was niemals war und das, von dem wir hoffen, daß es sein wird in der Geborgenheit um das weihnachtliche Kaminfeuer, wo das, was ist, Euch mit offenem Herzen erwartet.

CHARLES DICKENS (1812-1870)
aus: *«What Christmas is as we grow older», 1851*

*

Die Engel streuten ihren Segen nicht über alle guten Menschen aus, sondern über alle, die guten Willens sind - gewöhnliche Menschen, Menschen, die gefehlt haben, Menschen, die einfach ihr Bestes zu geben versucht haben. Und so laßt uns auf diesem kleinen Planeten all jene Menschen grüßen - unsere Freunde, unsere Verwandten, bekannt und unbekannterweise, in jedem Land, jeden Glaubens - und allen ein glückseliges Weihnachten wünschen.

PAM BROWN (geb.1928)

FEST DER LIEBE

Was Deine Freunde brauchen ist Liebe - nicht teure
Geschenke oder extravagante Überraschungen.

MARION GARRETTY (geb.1917)

Weihnachten ist die Zeit von: „Erinnerst Du Dich?",
von Familienfreuden,
von Familienfeiern,
manchmal ein wenig Traurigkeit
 - aber immer Liebe.

           PAM BROWN (geb.1928)

                     *

Die Haustüre zu öffnen und denjenigen stehen
sehen, von dem anzunehmen war, daß er es niemals
schaffen würde zu kommen - das ist das schönste
Weihnachtsgeschenk.

          HELEN THOMSON (geb.1943)

                     *

Ich will es allen wünschen, aber ich kann es nicht
glauben, daß das Fest in der Stadt mit ihren Straßen
und engen Gassen das sein kann, was es uns
Kindern im Walde gewesen ist... .
Es gab natürlich in den kleinen Verhältnissen kein
Übermaß an Geschenken, aber was gegeben wurde,
war mit aufmerksamer Beachtung eines Wunsches
gewählt und erregte Freude... .

          LUDWIG THOMA (1867-1921)
       aus: *„CHRISTKINDL-AHNUNG IM ADVENT"*

WEIHNACHTEN ZU HAUSE

Dies ist die Zeit des Zusammenkommens. Das Zuhause ist der Magnet. Die Winterlandschaft rumort und summt von der emsigen Eile Heimwärtsreisender. Die Dunkelheit ist geräuschvoll und erhellt von Spätankommenden, auffliegenden Türen, durch den Schnee hastenden Schatten, offenen Armen, Küssen, Stimmen und Lachen, Gelächter über alles und nichts. Unartikuliert, absurd und konfus sind diese ersten Minuten der Rückkehr. Die geballte Vertrautheit von allem wirkt wie ein Schock. Zufriedenheit muß langsam eingesogen werden, stabilisierend, in tiefen Atemzügen. Es gibt so viel davon. Wir vertrauen darauf, daß sich zu Hause nichts geändert hat. So ist es auch, und dafür sind wir dankbar. Wieder Weihnachten - steter Punkt zur Wiederkehr. Durch sein Geheimnis, seine Stimmung und seinen Zauber entrückt, scheint dieses Ereignis gewissermaßen außerhalb des normalen Zeitablaufes zu stehen. Alles, was uns lieb und von Dauer ist, erneuert seinen Einfluß auf uns. Wir sind wieder zu Hause.

ELIZABETH BOWEN (1899-1973)
aus: *„HOME FOR CHRISTMAS"*

Und ich werde zum Weihnachtsfest nach Hause kommen. Wir alle tun das oder sollten es tun. Wir alle kommen heim oder sollten heimkommen - für eine kurze Rast, je länger desto besser, um Ruhe aufzunehmen und zu geben.

CHARLES DICKENS (1812-1870)

KINDERLIED

Morgen, Kinder, wird's was geben,
morgen werden wir uns freu'n;
Welch ein Jubel, welch ein Leben
wird in unser'm Hause sein!
Einmal werden wir noch wach,
heißa, dann ist Weihnachtstag!

Wie wird dann die Stube glänzen
von der großen Lichterzahl,
schöner als bei frohen Tänzen
ein geputzter Kronensaal!
Wißt ihr noch vom vor'gen Jahr,
wie's am Weihnachtsabend war?

Welch ein schöner Tag ist morgen!
Neue Freuden hoffen wir.
Uns're guten Eltern sorgen
lange, lange schon dafür.
Oh, gewiß, wer sie nicht ehrt,
ist der ganzen Lust nicht wert.

VOLKSWEISE

Vergangenes Jahr hörte ich, wie der Nikolaus an die Tür klopfte.
Papa ließ ihn herein, und ich sah ihn mit seinem roten Mantel in mein Zimmer gehen. -
Ich hielt meine Augen fest geschlossen!

DAVID SKIDMORE (5 Jahre alt)

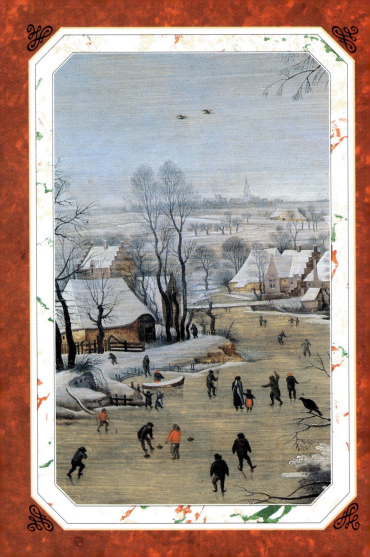

Die kleine Tochter: „Wieviele Tage sind es noch bis Weihnachten?"
Mutter: „Nicht mehr viele, warum fragst Du?"
Kleine Tochter: "Ich überlege nur, ob es schon so nahe ist, daß ich besser anfange, ein braves Mädchen zu sein... ."

*

Im allgemeinen heißt es - geben sei seliger als nehmen. Aber das stimmt überhaupt nicht!

CHARLOTTE BEATTIE (10 Jahre alt)

*

Lieber Weihnachtsmann,
bitte schenke mir dieses Jahr zu Weihnachten
 einen Teddy, sonst nichts, nur einen Teddybären.
Deine Sophia.

P.S.: Bitte, könnte der Teddy einen tragbaren Fernseher mitbekommen, damit ihm nicht langweilig wird, wenn ich in der Schule bin.

SOPHIA JONES (9 Jahre alt)

*

Der Weihnachtstag ist einer der wenigen Tage, an denen Kinder freiwillig früh aufstehen.

SIMON MORGAN (10 Jahre alt)

DER WEIHNACHTSMANN

Morgen kommt der Weihnachtsmann,
kommt mit seinen Gaben.
Bunte Lichter, Silberzier,
Kind mit Krippe, Schaf und Stier,
Zottelbär und Panthertier
möcht ich gerne haben.

Doch Du weißt ja unsern Wunsch,
kennst ja uns're Herzen.
Kinder, Vater und Mama,
auch sogar der Großpapa -
alle, alle sind wir da,
warten dein mit Schmerzen.

WEIHNACHTSLIED

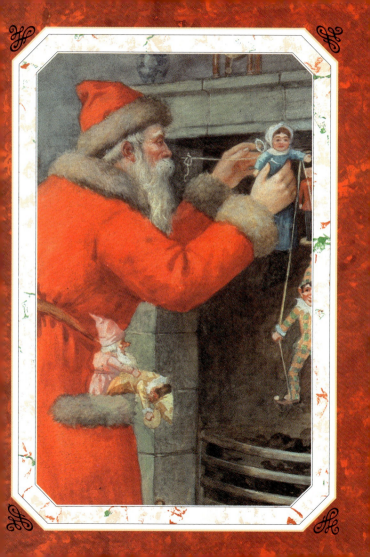

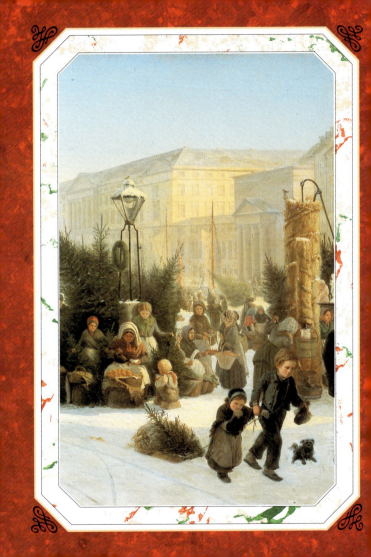

Ich erinnere mich sehr gut an meine Kindheit und das fast unerträgliche Gefühl der Freude, wenn derselbe alte Karton wieder vom Speicher heruntergeholt wurde und die bekannten Dekorationen aus ihrem Seidenpapier ausgewickelt wurden. Egal wie verblaßt oder beschädigt sie waren, wichtig war, daß es die vom vergangenen Jahr waren und dem Jahr davor. Da war auch noch die süße Erwartung beim Öffnen des Adventskalenders, an die ich mich gerne erinnere. Und später gab es die besonderen Abende, an denen ich, als Älteste von vier Geschwistern, aufbleiben durfte, um der Mutter bei den Vorbereitungen für die Pastete oder beim Verzieren der Torte zu helfen. Die Geschwister mußten schon zu Bett gehen. Wir alle brachten Karten von der Schule mit nach Hause, selbstgemalte Kalender und gebastelte Geschenke. Mit quäkenden Rekordern probten wir Lieder für den Festgottesdienst, und Mutters altes Abendkleid wurde für ein Krippenspiel zweckentfremdet. Während des ganzen Dezembers war die Küche erfüllt von Zimt- und Nelkenduft und anderen Düften der Weihnachtsbäckerei. Weihnachtskarten kamen an, und Vereinbarungen für Familienbesuche wurden getroffen. Die ganze Zeit war wie ein langes herrliches Fest. Ich wünschte, es hätte ewig gedauert.

FRANCINE LAWRENCE

Es gibt Leute, die Dir sagen werden, daß Weihnachten nicht mehr das ist, was es einmal war. Achte nicht auf so düstere Betrachtungen. Es gibt wenige, die alt geworden sind auf dieser Erde, die nicht solche Gedanken an jedem beliebigen Tag im Jahr wachrufen können. Dann suche doch für Deine trostlosen Erinnerungen nicht eben den fröhlichsten der 365 Tage des Jahres aus. Rücke lieber Deinen Stuhl näher an das flackernde Feuer, fülle Dein Glas, stimme ein Lied an und danke Gott, daß es nicht schlimmer ist. Denke nach über den Segen, der Dir reichlich zuteil wurde – und er ist bei niemandem gering – und nicht über vergangenes Mißgeschick, das jedem widerfahren kann.
Fülle Dein Glas abermals mit fröhlichem Gesicht und zufriedenem Herzen. Bei unserem Leben, Dein Weihnachtsfest soll ein fröhliches und das neue Jahr für Dich ein glückliches sein.

CHARLES DICKENS (1812-1870)

*

Wird Christus tausendmal zu Bethlehem geboren
und nicht in Dir, Du bleibst doch ewiglich verloren.

ANGELUS SILESIUS (1624-1677)

DAS WEIHNACHTSSPIEL

Alle Jahre zur Weihnachtszeit werden tausend kleine Marien von Hirten in Handtuchumhängen und Engeln mit Goldpapier-Heiligenscheinen verehrt und bei jedem dieser Weihnachtsspiele offenbart sich das Mysterium der Christgeburtsgeschichte mit unterdrücktem Gekichere und gestotterten Worten aufs neue.

Mütter nähen noch spät abends Kostüme. Andere Erwachsene wiederum versuchen hektisch das ganze Ereignis zu koordinieren und mit widerstrebenden oder übermäßig aufgeregten Kindern zu proben, ein bühnenmäßiges Desaster erwartend. Aber es wird nie ein Mißgeschick. Hingegen geschieht etwas Wunderbares - eine Art feierlicher Ernst im Einklang mit Freude überkommt jeden der Anwesenden, vom kleinsten wolligen Schäfchen oder mit Laken bekleideten Engel, bis zu den stolzesten Großeltern im Publikum. Jedes Weihnachtsspiel ist ein Triumph ganz besonderer Art und von großer Bedeutung für alle, die einbezogen sind.

FRANCINE LAWRENCE
aus: *„COUNTRY LIVING, COUNTRY CHRISTMAS"*

Wir sind eine äußerst ungeschickte, dumme, gierige, selbstsüchtige und unausgewogene Spezies. Und dennoch - Gläubige und Nichtgläubige gleichermaßen - starren wir auf das neugeborene Kind in der Krippe und hoffen jedes Jahr, daß aus dieser Unschuld das erwachsen möge, woran es uns mangelt - Weisheit und Liebe.

PAM BROWN (geb.1928)

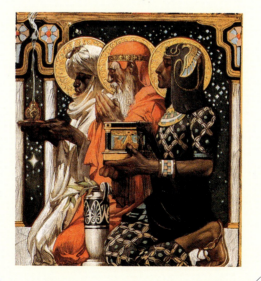

Zu Weihnachten gibt es kleine, herrliche Vergnügen:
Rosinen stibitzen, wenn Mutter die Nachspeise zubereitet.
Die Teigschüssel auslecken. Sachen verstecken.
Die besten Gläser aus der Vitrine nehmen.
Gleich nach dem Frühstück Leckereien naschen.
Vom Mittagessen aufstehen und ein Nickerchen machen.

PAM BROWN (geb.1928)

Eines der größten Vergnügen, besonders für Kinder, ist es, zu Weihnachten die große Schachtel vom Speicher zu holen, welche all die Dekorationen und speziellen Dinge enthält, die vom vergangenen Weihnachtsfest aufbewahrt worden waren. Die Sachen, im Vorjahr sorgfältig eingepackt, haben nun einen ganz neuartigen Zauber. Ganz anders wieder und unerwartet erscheinen sie, alle Aufgeregtheit und Erwartung mitsichbringend, die ab nun, bis zum heiligen Abend, den gesamten Haushalt anstecken wird. Sie sind wie alte Freunde, die uns mit Freude erfüllen, wenn man sie wieder sieht.

FRANCINE LAWRENCE
aus: *„COUNTRY LIVING, COUNTRY CHRISTMAS"*

*

Viele Wochen vor Weihnachten sind die Knaben in emsiger Tätigkeit, denn als ein Hauptschmuck des Festes wird nach Landesbrauch das KRIPPEL aufgestellt. Bilder der Krippe, in der das Kindlein liegt, mit Maria und Joseph, den heiligen drei Königen, den anbetenden Hirten mit ihren Schafen und darüber der glitzernde Stern und die Engel, welche auf einem Papierstreifen die Worte halten: „Gloria in excelsis".

GUSTAV FREYTAG (1816-1895)
aus: *„WEIHNACHTSKRIPPEN"*

Weihnachten war nahe mit all seiner Täuschung und herzlichen Ehrlichkeit. Es war die Zeit der Gastlichkeit, des Frohsinnes und der Offenherzigkeit. Wie ein alter Philosoph bereitete sich das alte Jahr darauf vor, seine Freunde um sich zu versammeln und mitten im Trubel der Festlichkeit und Ausgelassenheit sanft und ruhig dahinzuscheiden. Freudig und fröhlich war die Zeit und froh und fröhlich waren zumindest vier der zahllosen Herzen, die durch ihr Herannahen erfreut waren. Und zahllos in der Tat sind die Herzen, denen Weihnachten eine kurze Zeit des Glückes und der Freude beschert. Wie viele Familien, deren Mitglieder im rastlosen Lebenskampf auseinander gerissen und weit verstreut wurden, werden da wieder vereint und finden sich wieder zusammen in jenem glücklichen Zustand der Geselligkeit und Harmonie, welcher eine Quelle so reiner und ungetrübter Freude ist und so unvereinbar mit den Sorgen und Kümmernissen der Welt, daß die Religionen der kultiviertesten Nationen und die groben Gepflogenheiten der rauhesten Wilden sie gleichermaßen zum

Erstrebenswerten einer zukünftigen Lebensform zählen, die den Gesegneten und Glücklichen zuteil wird. Was für weitreichende Gedanken Weihnachten doch in einem erweckt!

CHARLES DICKENS (1812-1870)
aus: *„THE PICKWICK PAPERS"*

DENKE AUCH AN DIE ANDEREN

Die Läden schließen. Familien versammeln sich.
Die Straßen sind voller Menschen, die irgendwo
hingehen, wo sie erwartet werden. Dies ist die Zeit,
in der die Einsamen ihre Isolation fühlen.
Dies ist die Zeit, in der die Armen ihre Bedürftigkeit
besonders spüren. Wenn sich doch jeder zu
Weihnachten als dazugehörig fühlen könnte!

MAYA PATEL (geb.1943)

*

Bevor du die Gäste zum Mahle bittest,
dem Weihnachtsfeste zu Ehren,
tu' etwas zur Seite und gebe es jenen,
die Wärme und Speisen entbehren.

Bevor ihr euch sammelt am Lichterbaume,
bei Frohsinn und edlen Gaben,
tu' etwas zur Seite und gebe es jenen,
die außer dem Leben nichts haben.

nach einem Gedicht von
ELEANOR FARJEON (1881-1965)

Es wird Weihnachten! Mein ganzes Haus riecht schon nach braunem Kuchen - versteht sich, gebacken nach Mutters Rezept -, und ich sitze sozusagen schon seit einer Woche im Scheine des Tannenbaumes. Ja, wie ich den Nagel meines Daumens besehe, so ist auch der schon halbwegs vergoldet. Denn ich arbeite jetzt abends nur mit Schaumgold, Knittergold und bunten Bonbonpapieren. Und während ich Netze schneide und Tannen- und Fichtenäpfel vergolde, und die Frauen, das heißt meine Frau und Röschen, Lisbeth's Puppe ausputzen, liest Onkel Otto aus „Die Klausenburg" von Tieck vor oder gibt hin und wieder eine Probe aus den Bilderbüchern, die Hans und Ernst auf den Teller gelegt werden sollen. Gestern Abend habe ich sogar Mandeln und Citronat für die Weihnachtskuchen schneiden geholfen und Kardamom und Hirschhornsalz dazugestoßen. Den Vormittag bin ich stundenlang auf den Bergen und in den Wäldern herumgeklettert, um Tannenäpfel zu suchen. Ja, Ihr hättet mich sogar in meinem dicken Winter-Sürtout hoch oben in einer Tannenspitze sehen können. Freilich hatte ich mich vorher gehörig umgesehen, denn der Herr Kreisrichter durfte sich doch nicht auf ganz offenbarem Waldfrevel ertappen lassen. Die letzten Tage kommt jeden Morgen der Postbote und bringt ein Päckchen oder einen Brief aus der Heimat oder aus der Fremde von Freunden. Die Weihnachtszeit ist doch immer noch so schön, wie sie in meinen Kinderjahren war. Wenn nur noch der Schnee kommen wollte. Wir wohnen hier so schön einsam zwischen den Bergen, da müßte der Weihnachtsbaum, wenn er erst geschmückt ist, prächtig in die Winterlandschaft hinausleuchten.

THEODOR STORM (1816-1895)
Weihnachtsbrief an die Eltern, 1856

BESONDERE GABEN

Es gehört mit zu den schönsten Begebenheiten zu Weihnachten, nach Hause zu kommen und von dick bepackten Reisetaschen auf der Türschwelle überrascht zu werden.

MARION GARRETTY (geb.1917)

*

Er (Paddington) war sich nicht sicher, was ihm am besten gefallen hat: die Geschenke, das Weihnachtsessen, die Spiele oder der festliche Tee mit Mrs. Birds besonderem Orangenmarmeladen-Geburtstagskuchen, extra für ihn gebacken.
Nach einer Weile hatte er entschieden: Die größte Freude hatte es ihm bereitet, den anderen seine Geschenke zu überreichen.

MICHAEL BOND
aus: *„MORE ABOUT PADDINGTON"*

*

Ein Geschenk mit dankbarer Geste und offenem Herzen entgegenzunehmen, bedeutet, den Gebenden ebenfalls zu beschenken, auch wenn man sonst keine Gabe für ihn hat.

LEIGH HUNT (1784-1859)

24. Dezember 1954
Oh, wie schön wäre es, nur für heute und morgen nochmal ein kleiner Junge von fünf Jahren zu sein, anstatt ein alternder Stückeschreiber von fünfundfünfzig. Man könnte noch einmal mit leidenschaftlicher Erregung die Vorfreude auf all die übermütige Heiterkeit genießen, und man bekäme eine aufziehbare Eisenbahn mit einem ganzen Satz von Gleisen und einem Tunnel.

NOE COWARD (1899-1973)
aus: *„DIARIES"*

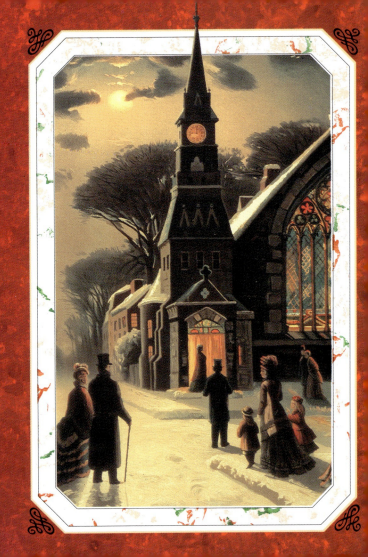

DAS WIRKLICHE WUNDER

Der Zauber um Weihnachten ist in der Tat ein sehr mächtiger... .
Er kann verstreuten Familien wieder ein Zusammengehörigkeitsgefühl schenken und bewirkt, daß Menschen einander grüßen, die sich völlig fremd sind... .
In dieser Zeit äußern Kinder die unmöglichsten Begehren. So zögern kleine Mädchen nicht, sich etwa ein Pony zu wünschen oder kleine Buben ein Raumschiff, das auch noch wirklich zum Mond fliegen können soll. Selbst vernünftige Erwachsene unterliegen träumerischen Gedanken. So entwickelt sich eine Stimmung der Erregung, bis am Heiligen Abend deutlich wird, welche Bedeutung in allen Vorbereitungen und im Warten lag. Das Wunder ist schließlich geschehen: Es ist die Geburt Jesu, die sich vor nahezu zweitausend Jahren zugetragen hat, aber immer wieder , jedes Jahr, in den Herzen der Menschen auf's neue stattfindet. „Ist das Zeitalter der Wunder vorüber?", schrieb Thomas Carlyle. „Das Zeitalter der Wunder ist stets und für alle Zeit gegenwärtig!" Der Glaube an das Wunder ist der wirkliche Zauber von Weihnachten.

aus: *„THE MERRIMENT OF CHRISTMAS"*

Weihnachtstag, 1918
An diesem Morgen war typisches Weihnachtswetter -
weißer Frost und ein strahlend blauer Himmel.
Ich war auf einem Kinderfest gewesen, wo fröhliche
Spiele gemacht wurden. Es war heiter - und doch,
für einen alten Mann, eher traurig. Man erinnert sich
an so viele Weihnachtsfeste, fünfzig Jahre zurück und
mehr. Und oh! - wo sind all die Kinder, die damals
glücklich spielten?
Hier im Raum steht eine alte, schlanke Eichenuhr,
die unaufhörlich tickt. Der Mann, der sie damals
pflegte, sagte, es sei die älteste Uhr, die er je versorgt
habe. Sie hat weit mehr Weihnachtszeiten erlebt als
ich, vier- oder fünfmal so viele, und sie tickt immer
noch unbekümmert, die Stunden bestimmend und die
Jahre. Ohne Zweifel ertönte ihr Schlag im Augen-
blick meiner Geburt, und so wird es auch bei meinem
Tode sein. Unbarmherzig tickt sie weiter, die
Geschichten flüchtiger Momente zählend, von
Christnacht zu Christnacht. Ja, Weihnachten ist ein
trauriges Fest für alte Menschen und dennoch -
Gott sei Dank, es erfüllt uns auch mit Hoffnung.

SIR HENRY RIDER HAGGARD (1856-1925)
aus: *„DIARY 1914-1925"*

FEST DER KINDER

So kam Weihnacht heran. Ein großer Tag im Volksleben wie im Leben der Menschheit. Es ist der Tag der Kinder. Durch ein Kind ward die sündige Welt gesühnt und geheiligt. Darum bringen die Erwachsenen den Kindern Gaben dar, Dankopfer, sichtbare Zeichen heiliger Gelübde, an den Kindern zu vergelten, was ein Kind an ihnen getan.
Die Kinder freuen sich inniglich. Es ist ein Gefühl in ihnen, daß sie die Heiligen der Eltern seien.
Wo keine Kinder sind, fehlt oft der kindliche Geist, der nach oben zieht. Nur zu gerne bemächtigt sich die Materie in hunderterlei Gestalt der Menschen und zieht sie nach unten. Kinder bleiben die Mittler zwischen Gott und den Menschen, verbinden und sühnen die Menschen miteinander. Ohne die Kinder wäre die Welt eine Wüste... . Weihnachten ist alten Leuten, was den Weisen im Morgenlande der Stern, der ihnen den Heiland verkündete, sie auftrieb aus ihrer Ruhe, daß sie Schätze zusammenrafften, sich auf die Beine machten, um den König der Ehren zu suchen, ihn anzubeten. Weihnachten ist ihnen die heilige Nacht, welche sie weiht und stärkt... .

...Und mit dem Kindlein, welches geboren wird,
steigt die Sonne höher. Die Nacht nimmt ab statt zu.
Der Tag mehret sich, und lieblicher wird es auf Erden.

JEREMIAS GOTTHELF (1797-1854)
aus: *„WIE KÄTHI DIE WEIHNACHT FEIERT
UND AM NEUJAHR SICH LABT"*

FAMILIENFEST

Wer könnte unempfindsam sein gegen das Strömen guter, warmer Gefühle, gegen ehrlichen Austausch von Zuneigung und Zärtlichkeit, wovon diese Zeit des Jahres in so reichem Maß verschenkt. Eine Familienweihnachtsfeier! Wir kennen auf dieser Welt nichts herrlicheres! Allein schon in dem Wort Weihnachten scheint ein besonderer Zauber zu liegen. Kleinliche Eifersüchteleien und Mißhelligkeiten sind vergessen. Versöhnliche Gedanken bemächtigen sich derer, denen sie lange Zeit fremd waren. Vater und Sohn oder Bruder und Schwester, die mit abgewandtem Blick aneinander vorbeigingen oder sich Monate vordem mit steifer Kälte begegnet waren, schließen einander herzlich in die Arme und begraben alte Animositäten in ihrer gegenwärtigen Glückseligkeit. Offene Herzen, die sich nacheinander gesehnt hatten, wenngleich sie von falschen Gedanken und Eigensinn verleitet gewesen waren, haben sich wieder gefunden, und alles strahlt in Wohlgefallen und Güte!

CHARLES DICKENS (1812-1870)
aus: „*SKETCHES BY BOZ*"

Briefe und Telefongespräche, Züge und Flugzeuge, Autos und Omnibusse - sie alle zusammen bilden zu Weihnachten ein Netz über die ganze Welt - ein Netz, geknüpft aus Liebe.

HELEN EXLEY (geb.1943)

*

Der bemerkenswerte Aspekt von Weihnachten ist, daß die Hand der Freundschaft sich nach jedem ausstreckt, egal in welchem Land sich derjenige befindet. Es ist eine Zeit, in der die ganze Familie, von der Urgroßmutter bis zum jüngsten Wickelkind, zusammenkommt, um miteinander zu feiern.
Die meisten handeln so aus religiöser Überzeugung. Andere wiederum, weil es der Brauch ist. Man stelle sich in der Vorweihnachtszeit in die Halle eines Flughafens und beobachte die Ankommenden: stürmische Umarmungen für Mama und Papa und die Freude auf den Gesichtern ihrer Kinder, weil sie wieder zu Hause sind. Weihnachten ist die Zeit im Jahr, die Menschen zusammenbringen kann, eine Zeit, in welcher man laut ausrufen möchte: „Freude der ganzen Welt."

LYNN BYRON and JO SEAGER
aus: *„THE CHRISTMAS BOOK"*

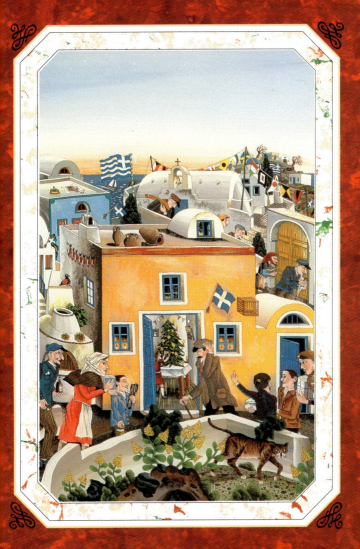

Herrliche Zeit des schwelgerischen Überflusses.

LEIGH HUNT (1784-1859)

*

Weihnachten ist die einzige Zeit, die es den Leuten erlaubt, mal einfach ganz locker und gelöst zu sein.

PAM BROWN (geb.1928)

*

Weihnachten selbst könnte durchaus in Frage gestellt werden. Jedenfalls schlägt es, bei zu großer Unmäßigkeit, auf die Verdauung.

RALPH BERGENGREN
aus: *„THE UNWISE CHRISTMAS"*

*

Bei uns gibt es zum weihnachtlichen Festessen wieder das gleiche wie im vergangenen Jahr... - Verwandschaft.

MARK TWAIN (1835-1910)

*

Weihnachten bedeutet, daß Mutter mahnt: „Streitet euch nicht, dies ist die Zeit des guten Willens!"

LINDA DICKINSON (10 Jahre alt)

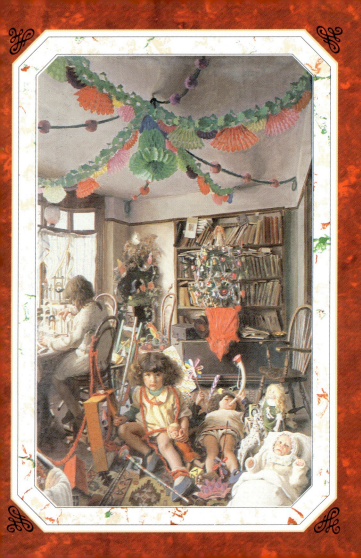

WEIHNACHTEN DAMALS

Wie wir so dasitzen in unserer sonst so düsteren und staubigen Kammer, heute erhellt durch frische Holly- und Mistelzweige, die wir dem freundlichen Gedenken von Mrs. Scrubs zu verdanken haben, können wir uns fast vorstellen, unsere weißen Haare seien noch einmal kastanienbraun, und die Reihen verstaubter Bücher seien die glänzenden Eichenpanele unseres lieben alten Landhauses. Unser kümmerliches Feuer wird zum geräumigen Kamin, und diese Mischung minderwertigen Kokses verwandelt sich in große Stücke von Fettkohle und knorriger Holzscheite, die funkeln und sprühen, wenn sie vom Feuer überwältigt werden. Der Ruß auf den schmutzigen Fensterscheiben kristallisiert und nimmt tausend Formen von Schönheit an, als hätte der Frost ihn angehaucht und in reinen Tau verwandelt, herübergetragen vom Camber Tal! Das Summen von Londons Straßen wird zur gleichmäßigen Harmonie, und wir können deutlich einen unserer ländlichen Choräle hören, wie ihn die kleine Gruppe unseres Dorfchores sang, damals, als wir den letzten Weihnachtstag in unserem alten Zuhause verbrachten und dort der Darbietung lauschten.

Vierzehn Jahre ist es her, und dabei sehen wir die Gruppe so lebendig, als stünde sie leibhaftig vor uns... . Man denke nur, die kleine Lucie Lot ist nun die stramme Frau des Metzgers George Weathers und hat ein Rudel Kinder!
Wo sind all die Sänger? Wo die Lieder? Wo ist unser altes Heim? Gegangen!
Aber uns hat es glücklich gemacht, an die traute Weihnachtszeit zurückzudenken.

M.L., 1855

Aber unser Vergnügen war noch nicht beendet. Auf ein Zeichen meiner Mutter folgten wir ihr ins Eßzimmer. Hier erwartete uns ein Anblick, der uns restlos überwältigte. Der Raum war von Wachskerzen auf Wandleuchtern strahlend hell erleuchtet, und auf dem Tisch stand ein großartiger Christbaum, voll behängt mit kleinen Laternen und Bonbons, mit Spielsachen, Zuckerkringeln und Kuchenpäckchen. Es war der erste Baum dieser Art, den ich und meine Kameraden je gesehen hatten. So ein Christbaum war eine ganz neue Mode. Mein Bruder Tom war just aus Deutschland heimgekommen und hat meine Mutter dabei unterstützt, solch einen Baum zu beschaffen und zu verzieren. Ich kann es kaum beschreiben, mit welchem Freudengeschrei wir diesem hübschen Weihnachtsbaum zujubelten, und mit wieviel Fröhlichkeit und Lachen wir zwischen den blitzenden Lichtern und den glänzenden Tannennadeln die Spielsachen und Süßigkeiten suchten, jedes mit einem Namen auf dem Einwickelpapier versehen. Ich weiß noch wie glücklich wir waren und wie dankbar, daß unsere liebe Mutter uns diese köstliche Überraschung beschert hatte, als Abschluß unseres fröhlichen Abendsportes.

ANONYM
aus: *„THE CHRISTMAS TREE"*, 1857

Weihnachten feiern, ohne einen Weihnachtsbaum, wäre wie wenn man ohne Musik tanzen oder ein Gedicht ohne Rhytmus schreiben wollte.

aus: *„WEEKLY PRESS", 1877*

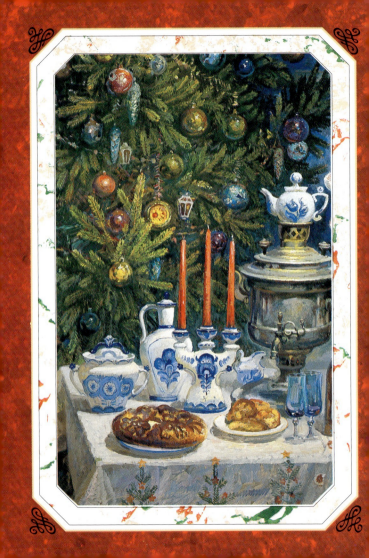

... Nach dem Essen saßen die Onkels vor dem Kaminfeuer, öffneten alle Knöpfe, strichen mit ihren großen feuchten Händen über ihre Uhrketten, stöhnten ein wenig und schliefen. Mutter, Tanten und Schwestern eilten, Terrinen schleppend, hin und her. Tante Bessie, die von einer Aufziehmaus bereits zweimal in Schrecken versetzt worden war, wimmerte am Büffet und nahm etwas Holunderwein zu sich. Dem Hund war übel. Tante Dosie benötigte drei Aspirintabletten und Tante Hannah, sie liebte Portwein, stand mitten im schneebedeckten Hinterhof und sang wie eine großbusige Drossel. Ich war dabei, Luftballons aufzublasen, so groß es nur ging und wenn sie platzten, was sie sämtlich taten, schnellten die Onkels empor und raunzten. An diesem satten und schläfrigen Nachmittag, die Onkels schnauften wie Delphine, und es fiel Schnee, befand ich mich inmitten von Girlanden, Lampions und süßen Datteln und versuchte, den „Instruktionen für kleine Ingenieure" folgend, ein Model-Kriegsschiff zu bauen. Ich produzierte allerdings mehr das, was man am ehesten als einen zur See fahrenden Straßenbahnwaggon bezeichnen könnte.

DYLAN THOMAS (1914-1953)
aus: *„A CHILD'S CHRISTMAS IN WALES"*

Es gibt eine verbreitete Unsitte, Weihnachtschoräle zu mißbilligen. Leute, die fröhlich inmitten des höllischen Lärms der Untergrundbahn schwätzen, Leute, die das Rattern von tausend Fahrzeugen über steinige Straßen dulden, geben vor, den Klang von Weihnachtschorälen nicht leiden zu können. Etwas vortäuschen zu mögen, mag eine Sünde sein. Jedoch Abneigung zu heucheln, das kommt einer Versündigung gegen den Heiligen Geist nahe.

Es bleibt zu hoffen, daß wenigstens einige Menschen in dieser Zeit den Gesängen lauschen werden. Sie sind das letzte Echo jenes Rufes, der die Welt erneuerte.

G.K.CHESTERTON (1874-1936)
aus: *„THE SPIRIT OF CHRISTMAS"*

*

... Eine genaue Überprüfung aller Facetten und Gefühle von Weihnachten führt gewöhnlich dazu, daß die Neigung besteht, Verachtung zu hegen. Aber auch das Gegenteil kann eintreten. Ein langsames Hin und Wider von Zustimmung und Beifall kann erzeugt werden. Trotz all unserer Erfahrung von Geschäftemacherei, die mitunter in Geschmacklosigkeit eskaliert; trotz wunden Füßen und leeren Geldbörsen in einer aufoktruierten und hauptsächlich sinnlosen Kaufwut; trotz Völlerei und vielem mehr mag man letztlich doch erkennen, was vorher nicht klar war: daß es gefährlich wäre, ohne Weihnachten auszukommen, daß es für den Menschen von grundlegender Wichtigkeit ist, die winterliche Unbill zu vergessen und ein festliches Gefühl zu erleben.

WILLIAM SANSOM
aus: *„CHRISTMAS"*

STILLE NACHT

Es schlägt Mitternacht. In der Stille der Christnacht hört man mehr als zu jeder anderen Zeit. Der wunderbare Tag hat sich erfüllt. Wenn Du außer Haus bist, bestürzt Dich die eigene Einsamkeit. Du wirst verstehen, wie wahrhaftig Weihnachten ein häusliches Fest ist. Ein einsamer Mann oder eine einsame Frau entzünden ein Gefühl von Sympathie in Deiner Brust. Du beginnst, sie in eine tragische Situation ohne Freunde hineinzudenken. Du gehst am Taxistand vorbei - er ist leer. Du gehst am Wirtshaus vorbei - es ist geschlossen. Die Busse haben den Verkehr eingestellt. Du beschleunigst Deinen Schritt und hastest Deiner Wohnung zu, die Du lediglich verlassen hattest, um zu sehen, wie London in der Heiligen Nacht aussieht. Wie Du am Polizisten vorbeigehst, sagst Du ganz unwillkürlich: „Fröhliche Weihnachten", und er antwortet: „Ihnen das gleiche, mein Herr". Vielleicht steckst Du die Hände in Deine Taschen. Mitternacht ist vorbei, der Weihnachtstag dämmert.

aus: *„THE VICTORIAN CHRISTMAS BOOK"*

Ich wünschte, Weihnachten würde das ganze Jahr dauern (wie es eigentlich sollte) und daß die Vorurteile und Leidenschaften, welche unserem besseren Ich zum Nachteil gereichen, niemals jene in Ihrem Handeln bestimmen mögen, denen diese Begriffe besser für immer fremd blieben.

CHARLES DICKENS (1812-1870)

Vergesst und vergebt, denn wer kann schon sagen, ob Gastgeber oder Gast das nächste Weihnachtsfest wieder zusammen erleben dürfen. Gebt Euch die Hand!

WILLIAM H.H.MURRAY
aus: *„JOHN NORTON'S VAGABOND"*

*

Bist Du bereit zu vergessen, was Du für die anderen getan hast und Dich zu erinnern, was andere Leute für dich getan haben; ...zu ignorieren, was die Welt Dir schuldet und zu bedenken, was Du der Welt verdankst; ...Deine Rechte in den Hintergrund, Deine Verpflichtungen in wohlwollenden Abstand und Deine Möglichkeiten, etwas mehr als Deine Pflicht zu tun, in den Vordergrund zu rücken; ...zu bekennen, daß vermutlich der einzige gute Grund für Deine Existenz nicht das ist, was Du aus dem Leben herausholst, sondern das, was Du dem Leben gibst;... Dein Beschwerdebuch zu schließen, und Dich nach einem Ort umzusehen, an dem Du ein paar Samen Glückes säen kannst? - Bist Du willens, dies zu tun, und sei es nur für einen Tag, dann kannst Du den Weihnachtsgedanken erfüllen.

HENRY VAN DYKE (1852-1933)
aus: *„SPIRIT OF CHRISTMAS"*

WEIHNACHTSLIED

Vom Himmel in die tiefsten Klüfte
ein milder Stern herniederlacht;
Vom Tannenwalde steigen Düfte
und hauchen durch die Winterlüfte,
und kerzenhelle wird die Nacht.

Mir ist das Herz so froh erschrocken.
Das ist die liebe Weihnachtszeit!
Ich höre fernher Kirchenglocken
mich lieblich heimatlich verlocken
in märchenstille Heiterkeit.

Ein frommer Zauber hält mich wieder,
anbetend, staunend muß ich stehn;
Es sinkt auf meine Augenlider
ein goldner Kindertraum hernieder.
Ich fühl's, ein Wunder ist gescheh'n.

THEODOR STORM (1817-1888)

Ich denke manchmal, daß wir zu viel von Weihnachten erwarten. Wir versuchen, die gesamten Jahresrückstände an Freundlichkeit und Menschlichkeit in das Weihnachtsgeschehen hineinzupacken.
Ich, für meinen Teil, nehme mir mein Weihnachten von Zeit zu Zeit, stückchenweise, über das ganze Jahr verteilt. So lasse ich mich in die Feiertage treiben, lasse mich von ihnen überraschen. Und dann ist das Fest eben plötzlich da.

DAVID GRAYSON

*

Ich will Weihnachten in meinem Herzen ehren und versuchen, es das ganze Jahr hindurch zu bewahren.

CHARLES DICKENS (1812-1870)

Es treibt der Wind im Winterwalde
die Flockenherde wie ein Hirt,
und manche Tanne ahnt, wie balde
sie fromm und lichterheilig wird
und lauscht hinaus. Den weißen Wegen
streckt sie die Zweige hin - bereit
und wehrt dem Wind und wächst entgegen,
der einen Nacht der Herrlichkeit.

RAINER MARIA RILKE (1875-1926)

*

Weihnachten ist etwas Besonderes. Weihnachten ist
wunderbar. Es ist eine Zeit von Wärme und Frieden,
eine Zeit, die es erlaubt, ohne Beschämung in
Nostalgie und Tradition zu schwelgen.
Die Zyniker unter uns beschreiben Weihnachten als
eine Periode der Vorbereitungen, der Einladungen,
der Erwartungen, der Verwandschaftsbesuche,
der Enttäuschung, der Niedergeschlagenheit,
der Erholung!
Aber für die meisten von uns ist es, über alles andere hinaus, eine Zeit des Feierns. So war es immer,
und laßt uns hoffen, daß es immer so sein wird.

GYLES BRANDRETH
aus: „*THE CHRISTMAS BOOK*"

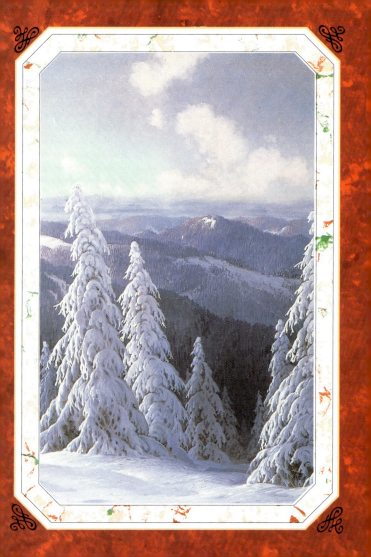